編者話

兒童要發展良好的溝通能力，必須具備良好的語言理解能力。語言理解能力是一種複雜的心智運作，包括：聽覺訊息的接收、聽覺記憶、語意及語法理解、短文理解。兒童將所接收到的口語訊息暫存在工作記憶內，並同時將資料處理，這就是將口語符號解碼，成為有意義的意念。縱使兒童具有正常的聽力，語言理解能力亦可能出現問題；他們能明白每個字或簡短句子的意思，但當句子稍為長一點、複雜一點，他們便無法記著所聽到的說話，或分析說話的內容，理解口語便出現種種困難。

為提升兒童的語言理解能力，本會言語治療師編寫了此套《幼兒語言理解訓練》（新版），內容適合三至六歲的兒童。本冊主要針對記憶力的訓練，內容包括「視覺記憶」、「聽覺記憶」及「順序記憶」。「聽覺記憶」需要聆聽力、注意力及記憶力互相協調才能漸漸發展出來。在兒童年幼的時候，聽覺記憶已開始發展。在很多日常活動中，如背誦兒歌、和父母談話、聽指示進行小差事等等，都需要兒童這方面的能力。本冊練習的內容主要與兒童的日常生活經驗有關。透過掌握日常事物間的相互關係，加上聆聽練習內的指令，有助提升兒童聆聽的技巧。當兒童記憶一段說話的先後次序後，便能記憶更多的口語資料。

此外，家長亦可以與子女在家重溫這些練習，這不但能鞏固子女的語言理解能力，亦能共度一段愉快的親子時間。期望透過不同及有趣的練習，提升兒童的語言理解能力。

協康會言語治療師團隊

協康會 簡介

HEEP HONG SOCIETY

協康會創立於1963年，是香港最具規模的兒童教育及康復機構之一，致力幫助不同能力的兒童及青年盡展潛能，提升家庭能量，共同締造平等融和的社會。

協康會的專業團隊，包括：心理學家、言語治療師、物理治療師、職業治療師、護士、社工及幼兒教師透過多個服務單位、到校支援主流中小學和幼稚園，每年服務超過23,000名兒童、青年及家長。本會積極推出嶄新服務，同時研發「實證為本」的教育和訓練模式，通過研究、培訓、出版及多元教育工具，推動大中華區融合教育及康復服務的發展。

我們的抱負

協康會走在服務前端，為不同能力的兒童及青年創建美好明天。

我們的使命

啟發個人潛能、提升家庭能量、促進社會共融。

70+
服務單位

1,400+
人團隊

每年支援
23,000+
兒童、青年
及家長

服務對象

學前兒童

中小學生

青年

家庭

康復及教育界人士

服務簡介

早期教育及訓練

透過專業指導，早期教育及訓練中心為初生至六歲發展有障礙的幼兒提供每星期一至兩次的訓練和支援服務，並教導家長掌握有關照顧和啟導幼兒的技巧，充份發揮幼兒潛能。

查詢：+852 2776 3111

更多詳情 More Details

特殊幼兒服務

特殊幼兒中心透過每星期五天全日制的密集式訓練和照顧，協助二至六歲有特殊需要兒童發展潛能，為他們未來的學習和發展奠定良好基礎。

查詢：+852 2776 3111

更多詳情 More Details

幼兒服務

本會轄下的幼稚園及幼兒園為兒童提供理想學習環境及優質學前教育，助他們建立德、智、體、群、美方面的全人發展，並培養兒童的創意思維、探索和解難能力，為日後學習奠下穩固的基礎，讓兒童健康愉快地成長。

康苗幼兒園

查詢：+852 2786 2990

更多詳情 More Details

協康會上海總會 康苗幼稚園

查詢：+852 3705 2251

更多詳情 More Details

青年成長及職訓服務

為自閉症、專注力不足 / 過度活躍症和特殊學習困難青年提供全面支援，包括職能評估、職場實習、就業支援等課程及訓練，提升學員的職場技巧和獨立能力，讓他們發揮所長，融入社群。

查詢 : +852 3956 4651

更多詳情
More Details

到校支援服務

專業團隊為幼稚園、小學及中學內有特殊需要的學生提供到校評估、訓練和治療；同時透過家長講座及輔導、教師培訓和學校支援工作，全方位協助學童融入校園生活，健康成長。

查詢 : +852 2776 3111

更多詳情
More Details

青蔥計劃支援服務

青蔥計劃為不同能力的初生至中學階段兒童及青年，提供多元化的專業支援服務，讓家長在政府和私營服務以外，有多一個優質的服務選擇。計劃不受政府資助，以自負盈虧模式運作。

服務內容：

本會專業團隊具備豐富訓練和治療知識及臨床經驗，能按兒童及青年的需要提供適切而全面的個別評估及訓練，包括：心理服務、言語治療、職業治療、物理治療、社工服務及幼兒導師訓練等。另外，亦會提供小組訓練及活動，以及家長支援及社區教育服務。

查詢：+852 2393 7555　　網址：slp.heephong.org

更多詳情
More Details

家長支援服務

轄下各中心以及家長資源中心為家長提供全面的支援服務，協助他們解決在培育有特殊需要子女上所遇到的困難和問題，提高育兒技巧及對孩子的需要的認識，同時建立家長彼此間的互助與支持，從而紓解親職壓力。

查詢：+852 2776 3111

更多詳情
More Details

APED
Academy for Professional Education and Development
專業教育及發展學會

專業培訓服務

透過專業教育及發展學會(APED)，為教育及康復界人士和家長提供專業培訓，提升他們對兒童成長及學習方面的認識。同時更為內地、澳門及台灣相關機構舉辦交流及專業訓練課程，促進兩岸四地教育及康復服務的發展。

查詢：+852 2784 7700
網址：aped.heephong.org

更多詳情
More Details

研究及出版

致力研究及開發實證為本的訓練模式，並透過出版書籍及製作電子教材，與業界分享在教育和康復服務的經驗及成果，藉以提升行業整體質素。

協康會網上商店
Online Shop
網址: eshop.heephong.org

購買書籍
Purchase Now

目錄

視覺記憶

訓練目標：

1. 提升兒童的專注力
2. 建立兒童記憶力的基礎
3. 熟習畫冊的使用模式

使用方法：

成人預先在指定的附頁撕下需用的貼紙，並要求兒童仔細看右圖的圖畫約15秒，然後沿書頁中間的虛線摺向後，再指示兒童將貼紙貼在左邊圖畫的正確位置。

提示方法：

若兒童未能一次過將所有貼紙貼在正確位置上，就可用以下的提示方式協助兒童完成：

1. 讓兒童再看右邊的圖畫一次，然後繼續完成習題。
2. 簡單描述需貼貼紙的特徵，如：「猴子愛吃什麼呢？它是黃色的啊！」以協助兒童聯想出答案。

其他活動建議：

1. 利用完成了的習題，用完整句子描述各圖畫以增強表達能力，如：「小狗是司機。熊貓坐巴士。」
2. 與兒童一起看生活照，然後收起照片，再提問兒童照片中的人物及地方，如：「誰去了迪士尼樂園？」、「在哪裏有小矮人表演？」

小動物愛吃甚麼？

見「附頁一」貼紙1

廚房的物品不見了！

見「附頁一」貼紙2

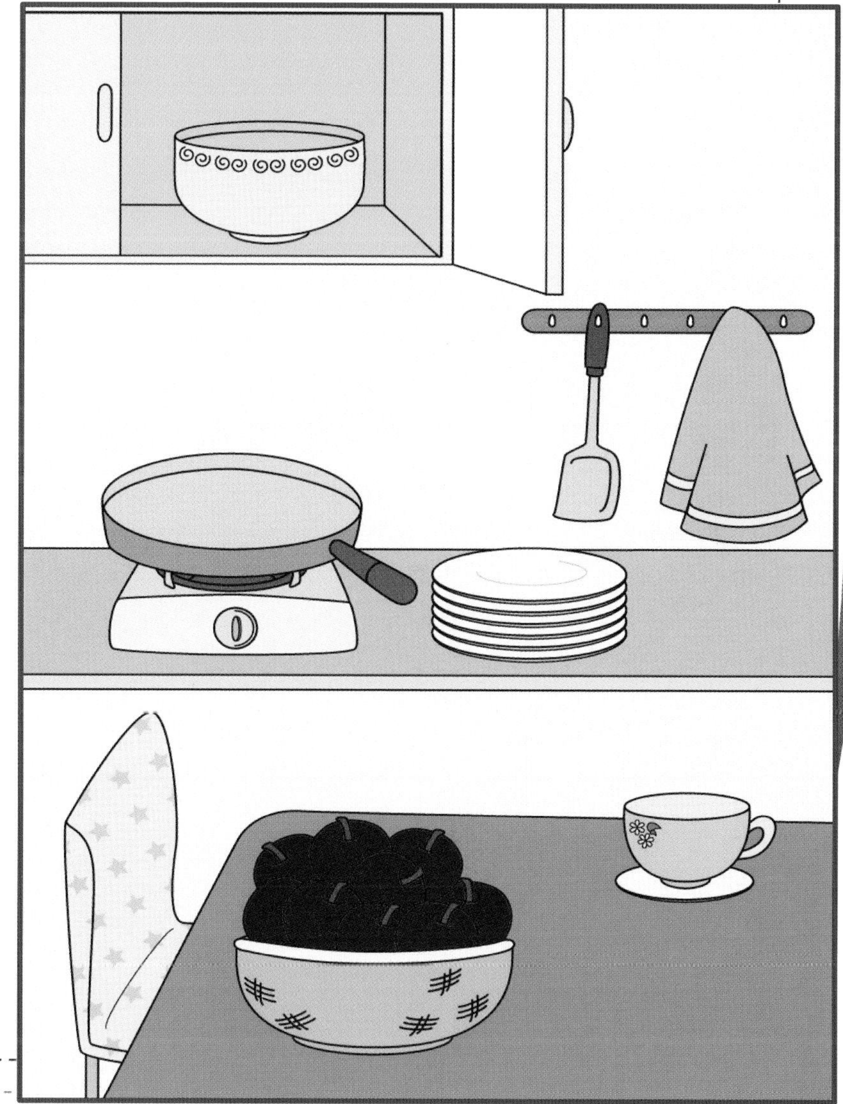

洗澡時間

見「附頁一」貼紙3

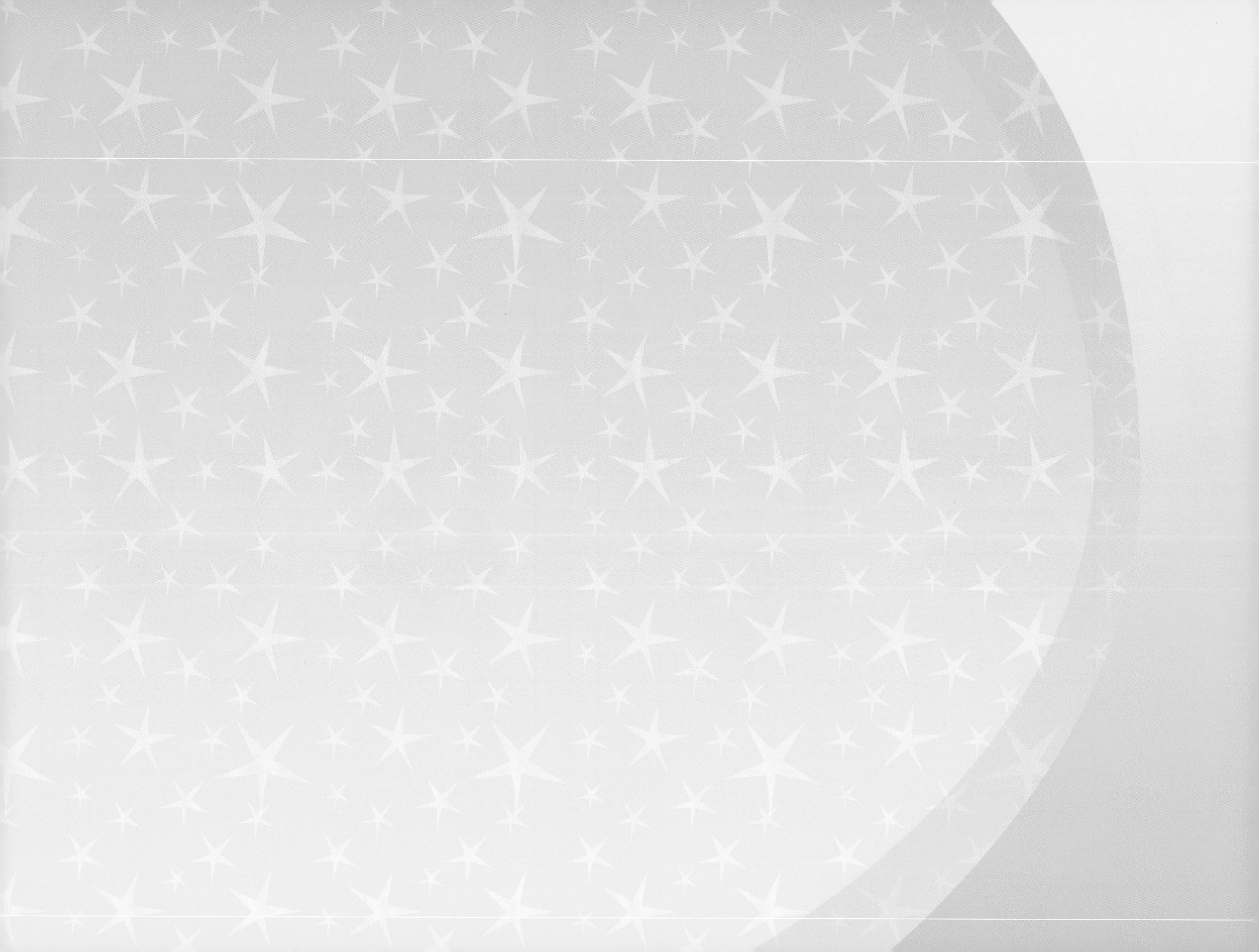

誰坐巴士？

見「附頁一」貼紙4

漂亮的小女孩

見「附頁二」貼紙5

聽覺記憶

訓練目標：

1. 提升兒童的聽覺專注力
2. 提升兒童的聽覺記憶力
3. 增加兒童記憶項目的數量

使用方法：

成人讀出書側邊顏色格內的指示來要求兒童完成習題。習題的模式包括繪畫、畫圈或貼上貼紙。若兒童有一定的閱讀能力，建議成人用紙蓋著顏色格，避免兒童閱讀內容。

提示方法：

若兒童未能一次過完成整個習題，成人可將記憶項目分兩次讀出，使習題分成兩次來完成。

其他活動建議：

1. 可利用同一頁的習題，變化一下記憶的項目，並指示兒童用不同的顏色完成新的記憶項目。
2. 與兒童玩「收買佬」遊戲，按兒童的能力指示他找出不同的物件，最多七件，完成後給予讚賞。
3. 與兒童到超級市場購物，按兒童的能力指示他拿取不同的食物，最多七件，然後放入購物車，完成後給予他喜愛的東西作獎勵。

保管箱的密碼

請向小朋友說出由形狀、英文字母、水果名稱及數目字四個單位組成的密碼，如：「正方形、A、檸檬、7。」小朋友需聽完整組密碼後才把它們圈出來。

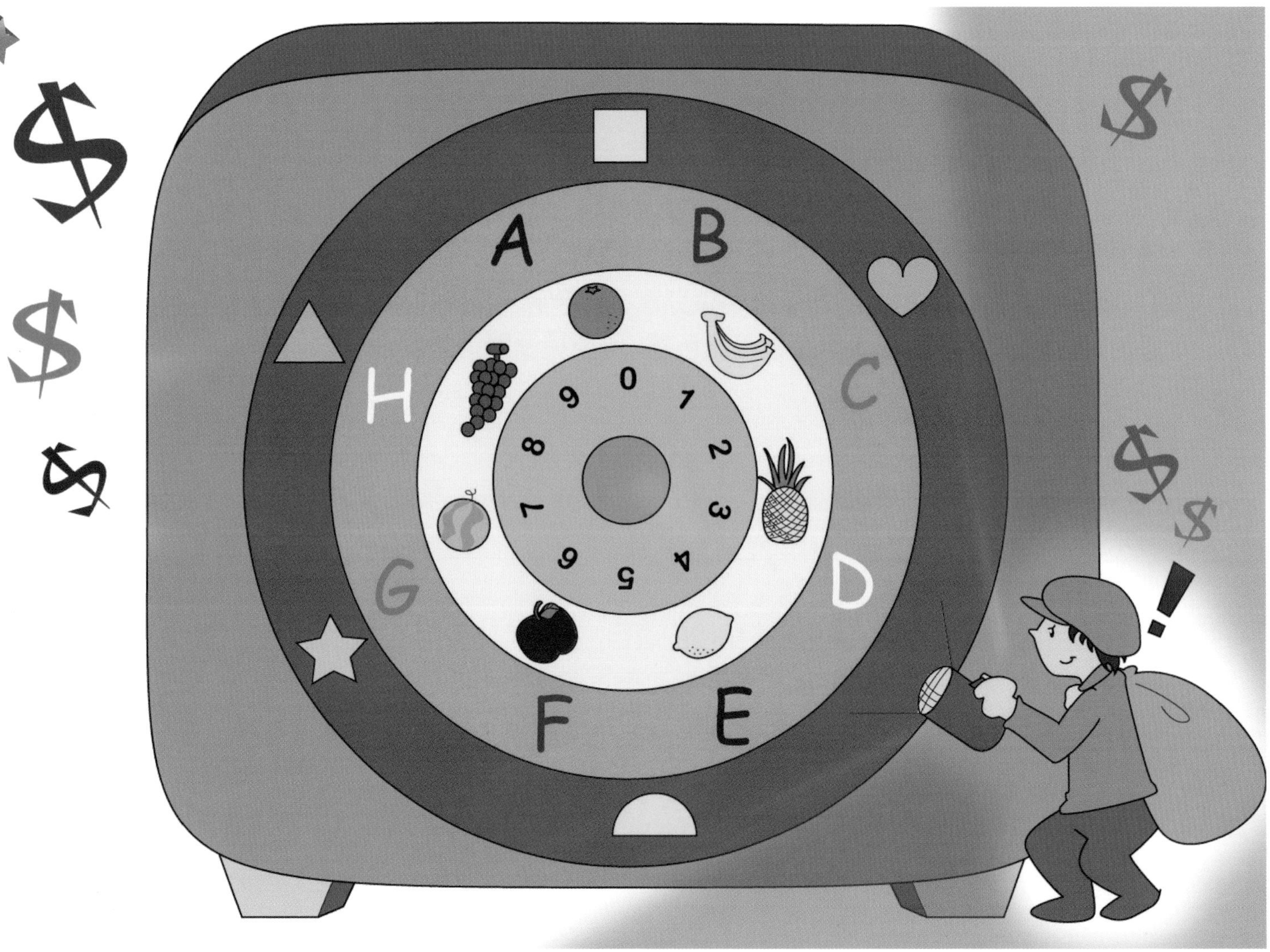

替媽媽買食物

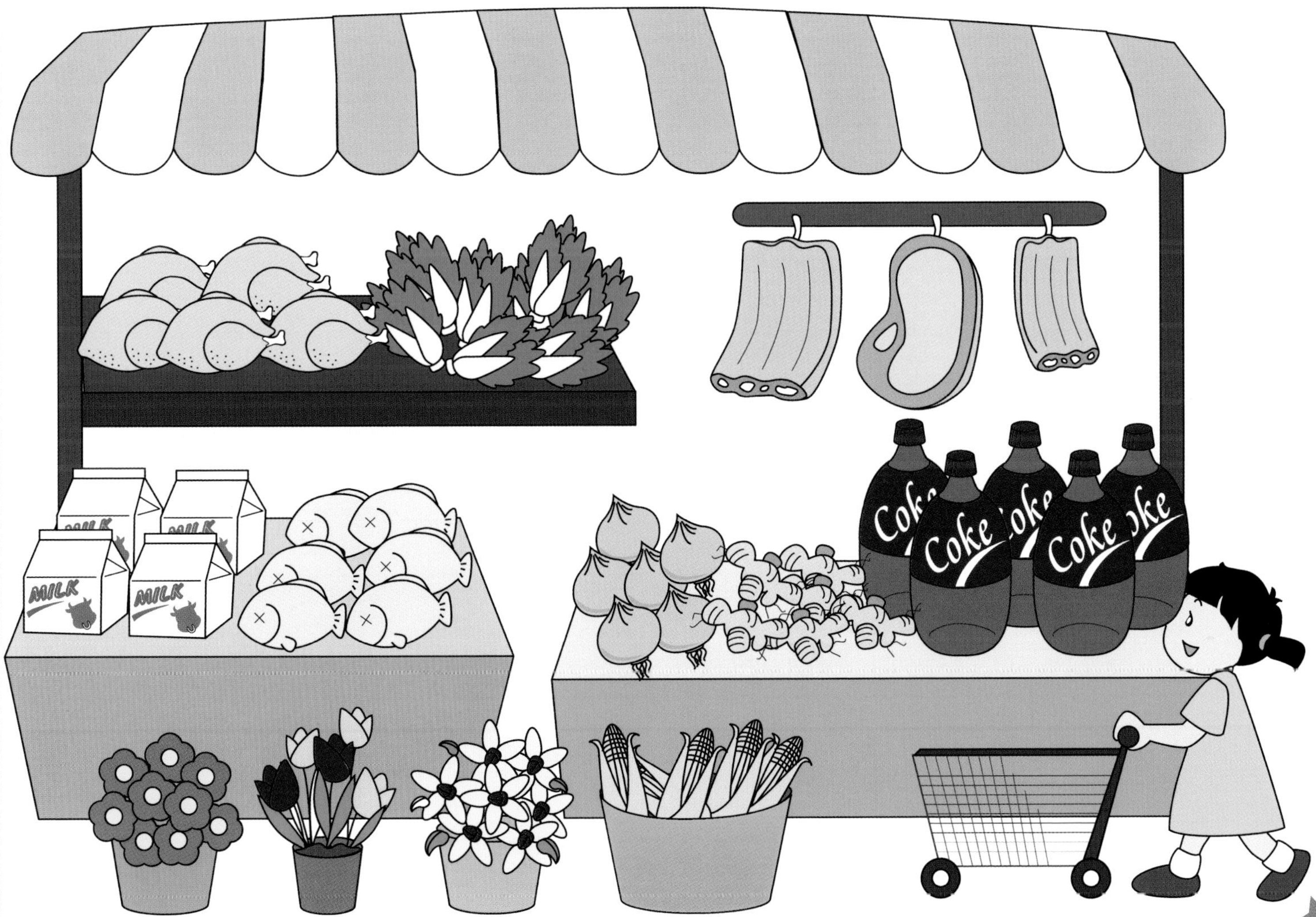

請向小朋友說出媽媽吩咐買的七種食物：「魚、菜、粟米、肉、薑、洋蔥和雞。」小朋友需聽完全部七種食物後才把它們圈出來。

小小設計師

請向小朋友說出衣服的款式：「這件衣服有一個蝴蝶結，每邊的衣袖各有一粒鈕扣，衣服上有三個紅色圓形和兩個黃色三角形。」小朋友需聽完全部描述後才把設計畫出來。

煮蕃茄炒蛋

請向小朋友說出七種需用的材料：「蕃茄、雞蛋、薑、蔥、鹽、醬油和茄汁。」小朋友需聽完全部七種材料後才把它們圈出來。

收拾書包上學去

請向小朋友說出七件需要帶回幼稚園的物品：「鉛筆、間尺、中文書、英文書、蠟筆、水樽和手巾。」小朋友需聽完七件物品的名稱後，才在「附頁三」貼紙6找出正確的貼紙貼在書包裏。

順序記憶

訓練目標：

1. 提升兒童的聽覺專注力
2. 提升兒童的聽覺記憶力
3. 提升兒童記憶事情發生次序的能力

使用方法：

成人讀出書側邊顏色格內的指示來要求兒童完成習題。習題的模式包括畫出路線、在空格內填上數字或貼上貼紙。若兒童有一定的閱讀能力，建議成人用紙蓋著顏色格，避免兒童閱讀內容。

提示方法：

若兒童未能一次過完成整個習題，可用以下的提示方式協助兒童完成：

1. 成人可重複顏色格內的指示，鼓勵兒童繼續完成習題。
2. 成人可以一邊讀出指示，一邊指着有關的圖畫，來顯示事情發生的次序。

其他活動建議：

1. 利用同一頁的習題，變化一下記憶的項目，並指示兒童用不同的顏色完成新的記憶項目。
2. 在日常生活中，要求兒童按次序完成兩至三個步驟的指令，如：「到房間拿車子給爸爸，再親爸爸的手一下。」
3. 與兒童製作簡單的食物（如：三文治），成人說出兩至三個步驟讓兒童跟從，完成後可一起分享製成品。

走哪一條路去巴士站？

請向小朋友說出指示：「小聰首先經過電話亭進入停車場，然後經過一間學校，再穿過公園便到達巴士站。」然後請小朋友畫出小聰回家的路線。

到遊樂場玩

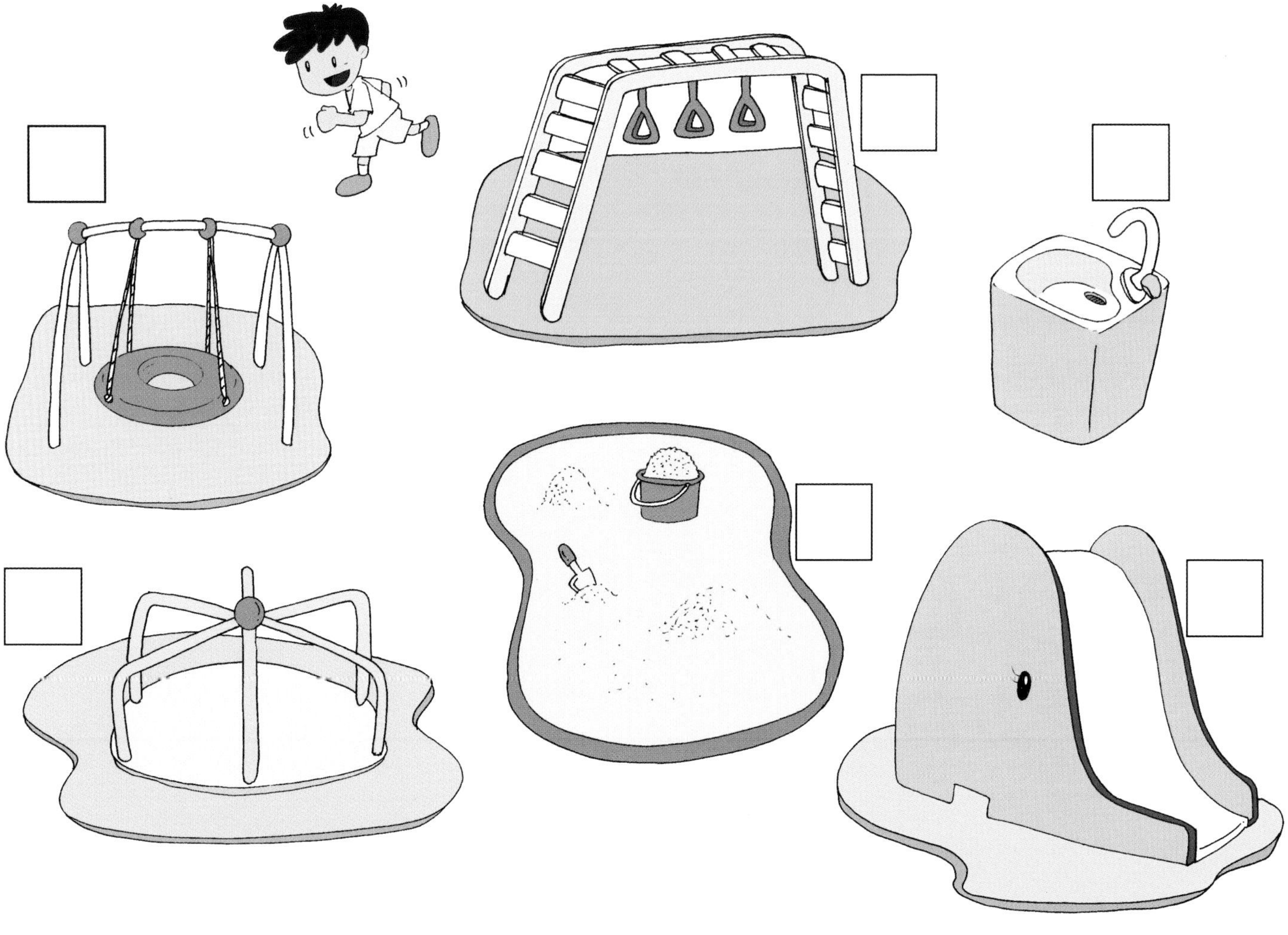

請向小朋友說出指示：「小明最愛濕濕鞦韆，一到公園便跑去濕鞦韆，然後跑到遠處爬上滑梯，接著去玩氹氹轉，最後走到水機旁邊喝水和休息。」然後請小朋友按次序將數字1至4填在空格內。

快樂的假期

請向小朋友說出指示：「今天是假期，早上爸爸帶樂樂到茶樓飲茶，然後到圖書館還書，之後到巴士站乘巴士往沙灘游泳。」然後請小朋友按次序將數字1至4填在空格內。

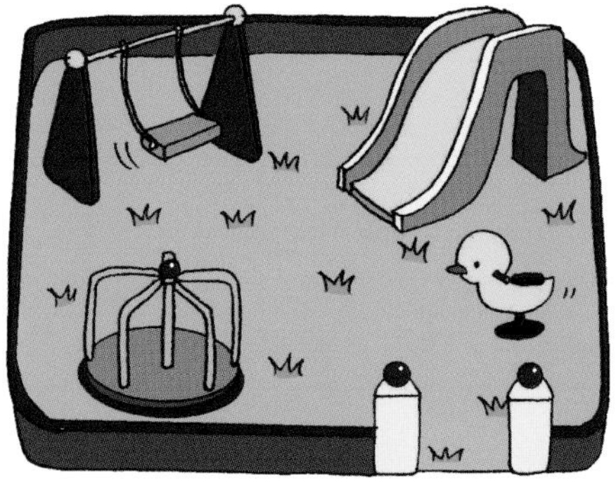

走哪一條路去買東西？

請向小朋友說出指示：「小明需要替婆婆購物，他先到魚店買魚，然後到麵包店買蛋糕，再到水果店買西瓜，最後便回到婆婆家裏去。」然後請小朋友指出正確的購物路線。

積木高高Go

請向小朋友說出指示：「我們要疊起四塊積木，先拿白色的圓形放在底部，然後疊上黃色的正方形，之後再疊上紅色的正方形，最後放上黃色的三角形。」然後請小朋友貼好積木貼紙。（見「附頁三」貼紙7）

幼兒語言理解訓練（新版）
（適合3-6歲兒童）

1）趣味記憶訓練
2）句式理解挑戰站
3）故事理解擂台

作　　者：協康會
撰　　寫：協康會時任高級言語治療師 賴秀瓊
　　　　　協康會高級言語治療師 阮杏賢
統籌編輯：協康會傳訊部

出　　版：星島出版有限公司
　　　　　香港新界將軍澳工業邨駿昌街七號
　　　　　星島新聞集團大廈
營運總監：梁子文
出版經理：倪凱華
出版統籌：何珊楠
電　　話：(852)2798 2579
電　　郵：publication@singtao.com
網　　址：www.singtaobooks.com
Facebook：www.facebook.com/singtaobooks

發　　行：泛華發行代理有限公司
電　　郵：gccd@singtaonewscorp.com
網　　址：www.gccd.com.hk
Facebook：www.facebook.com/gccd.com.hk

出版日期：2021年7月初版
第二次印刷：2024年6月
定　　價：港幣128元正
國際書號：978-962-348-491-6
承　　印：新藝域印刷製作有限公司

星島出版